JN411531

변재섭 시인 육필시

스코틀랜드에 가 보았지

팔짝 뛰어오르면 잡힐 듯이
뭉게구름이 낮게 흐르는
그곳에서는
하루에도 여러 번
비가 오다를 반복했지
그러나 사람들은 늘
꽃처럼 밝고 튀는 공처럼 명랑했지
잠깐 사이 맑은 하늘처럼 푸르렀지

스코틀랜드에 가 보았지
나쁜 날씨는 없고 나쁜 복장만 있다고 했지
빗물의 질량이 무거운 사랑은 없다고 했지

이 도서의 국립중앙도서관 출판예정도서목록(CIP)은
서지정보유통지원시스템 홈페이지(http://seoji.nl.go.kr)와 국가자료종합목록
구축시스템(http://kolis-net.nl.go.kr)에서 이용하실 수 있습니다.
(CIP제어번호 : CIP2019020264)

강물의 자궁

변재섭 시집

시와사람

강물의 자궁

■ 자서

산고(産苦)를 치르고,
불볕의
한낮
질끈 두건을 매고
자갈밭 일구고 있는
아낙이여

뜨겁고 시린 고독의 늪지,
오직 순정의
실을 뽑아
생의 골짜기와 산정, 별빛으로 빛나는
한 폭 시의 비단을 짜는
위대한 창조자여

2019년 7월
변재섭

차례

제1부 의자

제2부 강물의 자궁

제3부 나는 태생이 불온하였다

제4부 꽃의 밥

1

의자

의자

앉아 있는 사람이 없어도 의자는 의자다

햇살이 앉아 있고 꽃잎이 앉아 있고 나비가 앉아 있다
어둠이 앉아 있고 별빛이 앉아 있고 달빛이 앉아 있다
낙엽이 앉아 있고 적막이 앉아 있어도 의자는 의자다

먼지가 켜로 앉아 있는 의자, 모처럼 한 점 남기지 않고 물걸레로 닦아낸다손 임자가 물방울로 바뀌었을 뿐 의자는 의자다

다리 하나 부러진 의자가 헛간 처마 밑에 버려져 있다
그가 제 일을 묵묵히 해내는 동안 세월은 고운 살결 거칠게 삭히고 뼈를 삭히며 소문 없이 빠져나갔다
남편과 아들딸들, 손주들까지 받아 안고 버텨내느라 진이 다 빠져 골다공증에 걸린 여자
푸석하니 토방에 엉거주춤 걸쳐앉은 의자 하나가 햇살을 무릎 위에 앉혀놓고 구석에 버려진 한 의자를 물끄러미 바라보고 있다

전정(剪定)

가지와 가지 사이, 나무와 나무 사이
균형과 조화를 맞춘다
무성하게 자랐다고 우듬지가 잘리고 몸통이 잘리고
아예 밑동이 잘리는 나무도 있다
정원은 내 마음의 놀이터여서
어린 아이처럼 순하게 자라는 나무여
사다리 꼭대기에 올라도 손이 닿지 않는 너는
골치 아픈 칡넝쿨처럼
모란꽃과 함박꽃의 하늘을 가리었다
그러니 어찌 그냥 볼 수 있겠느냐
누구는 잘려 나가지 않으려
칠십오 미터 나무보다 높은 굴뚝에서 비가 오나 눈이 오나
농성을 하고 있다지만
그러나 나는 이기적이어서
마음에 걸리는 모든 가지와 우듬지의 높이는 물론
밑동까지도 가위와 톱으로 잘라낼 것이다
나와 모란꽃과 함박꽃의 하늘을 위하여
내 정원의 평화를 위하여

당신, 가벼운

조금 불편할 뿐
조금 번거로울 뿐
힘들지는 않아요

바닥에서 피어오르는 빗방울 꽃처럼
빗속에 난전을 펴는
당신

밤 근무 마치고
된장찌개 끓일 대파 사러 들른 나에게

어깨가 너무 쳐졌다고
인정의 눈빛으로 툭 툭 치며
마늘 몇 알과 양파까지 챙겨주는
당신

연못에 핀 연꽃처럼
눈 모자 쓴 동백꽃처럼
시리고 푸른 밤 둥근달처럼

*

부디 건강하셔요,
여든 고개를
아흔 고개 백 고개를 넘어
언제나 어디서나

당신께 드릴 무엇이 없는 나는
하늘에다 기원의 화살 하나 쏘아 올립니다.

호반가든

장성댐 상류
잘 꾸며진 공원에 수몰관이 있고
호수가 한 눈에 들어오는
떠나지 못한 사람들의 터전
'호반가든'

부모 품을 떠나는 열네 살 소년같이
떠나갔던 사람들의 마을들
물속에 든 지 오래라지만

거기 벚나무에 기대어 서면
눈에 다 보이네, 또렷하게
솟아오르네, 마을과 마을
얼굴과 얼굴
노을빛에 빛나는
둥구나무 꼭대기 방패연까지

약속하지 않았어도 서로 만나
평상이 자리 잡고 앉아

가슴에 그러담은 세월의 사리를 풀며
부딪는 술잔

얼굴을 쓰다듬는 바람 앞에
부려놓는 들꽃 같은 사연
깊어가는 밤하늘 별빛으로 박히는데
박하사탕 한 알 물고
밤길을 나서는 사람들

있네, '호반가든'
거기에 가면.

빵

빵
빵을 먹었다
그리고 냉큼 손을 놀렸다

빵
빵을 먹었다
그리고 풀썩 손을 놓았다

빵
그야말로 세상 어디서나
빵, 빵 빵 빵이다

빵
살고 죽는 일이
빵빵하다

봄밤

폭죽이
밤하늘에
피어나고 있었습니다
집채만 한 꽃송이들
피었다 지고
피었다 지고
지고
어둠 꽃
어둠 꽃
어둠
귀 없는
발자국으로 개미들
먼 길을 가고 있었습니다

공중(空中) 화장실

바쁘게 길을 가다 지쳐, 잠시 들른 트럭 운전자들의 쉼터
아스팔트 귀퉁이에 피가 살고 있다, 한 줌밖에 되지 않는 흙

논밭은 멀리 있다 분명 새들이 이 하늘을 가로질러 갔다
바람과 먹장구름이 만들어 준, 별빛이, 햇빛과 달빛이 빛나는 섬

일 미터는 족히 자라야 하건만, 키 작은 가녀린 몸피에 씨앗 몇 품고 한들한들 바람에 흔들리며 살고 있는, 그의 마른 발가락이 삐져나와 있다

걸어가는 낫

붉은 햇빛 등에 받으며
낫 한 자루 걸어간다
고꾸라질 듯 고꾸라질 듯
황금 바다로 가서
물결을 한 움큼씩 잠재워 가더니
해가 뉘엿뉘엿해서야
바다는 잠잠해졌다
손바닥에 탁 탁 침 뱉어가며
허리 한 번 펴지 않고
밀어붙인 그 뚝심
흙탕물을 황금 바다로 일군
아무도 못 말리는
황소 같은 그 뚝심
낫을 쥐고 살다가 그대로 닮아버린
아버지
땅거미 등에 받으며
보이는 모든 것에 깍듯이 인사하며
ㅈㅈㅈㅈㅈㄱ, ㅈㅈㅈㅈㄱ……
아슬아슬 걸어가는
낫 한 자루

느티나무 그늘

땡볕의 한여름
흠씬 땀에 젖은 사람들
잠시 손을 놓고
고단한 몸 모정에 누인다

논과 밭에서
도로 건설 현장에서
새벽부터 비지땀을 쏟았다

금세 짠내가 물씬하고
눈을 감은 젖은 몸뚱어리는
아스라한 낭으로 가라앉는다

잠시 눈을 붙인
사이
바짓가랑이가 고실해지고

다시 전선으로 들기 위해 신발을 신는
옷자락마다 스르륵 스르륵

떨어지는 소금알갱이들

느티나무는 그 소금을 먹고
그늘의 품을 늘리며
오백 년을 살았다.

등록금 이자

벚꽃이 만개한 길을 지나간다
그제도 어제도
매화 만발한 길을 지나왔고
산수유 꽃 흐드러진 길을 지나왔다

벤치에 앉은 한 청년이 사랑시집(詩集)을 읽고 있고,
몸을 지팡이에 의지한 한 노인이 나무 아래 서서
벚꽃 대궐을 우러러 보고 있다

잠시 신호 대기하던 참이었다 다시 화물차를 몰고
벚꽃이 만개한 길을 지나간다 은행에서 빌린
딸의 대학등록금 이자 납기일이 이틀밖에 안 남았다.

왜가리와 인부(人夫)

바람이 서에서 동으로 씩씩대며 몰려간다
잿빛구름이 온통 하늘을 뒤덮었다
연둣빛 느티나무는 아침 허공을 휘이휘이 마구 휘젓고
4층 청사(廳舍)의 깃발들은 퍼퍼퍼퍼 퍼퍼퍼퍽 몸부림치고
아파트 신축현장에 서 있는 노란 타워크레인은 근들거리고
왜가리가 타워크레인을 피하며 느릿느릿 서으로 가고 있다
하얀 안전모를 쓴 인부들이 붉은 얼굴로
빨간 펌프카가 쏟는 콘크리트를 4층 바닥에 타설작업하고 있다.

검은 강돌 같은 남자

바람이 세차게 불고 안개가 앞을 가리더니 쌀알 같은 진눈깨비 쏟아지며 후드득 소리를 내다 말고 이내 빗방울로 바뀐다 조금 뒤 언제 그랬냐는 듯 터진 구름 사이로 뻗쳐 내리는 햇살

거기 재빠르게 충전기를 꽂는다, 능숙하게 그리고 능글맞게
어깨를 툭툭 털고 리어카의 비닐포장을 걷는다

빌딩꼭대기 한 번 올려다 본 적 없다는
직업 한 번 가져보지 못했다는

이 남자가 사는 법

금목서

태풍에 허리 부러진
나무 한 그루
남은 잔가지에
향불인 양 황금꽃 피웠다
마당에 향기 가득하다

지난여름
예보 없던 장대비 쏟아지고
그 쏟아지는 빗속에서
빨간 신호봉 들고 장터의 막힌 혈관을 뚫던
언어장애를 가진 그가 피운

말 꽃,
그으냥 보옹사하고 시퍼요

창에 은은하게 비치는 달빛 같은
향기가 오래도록
강 건너 마을까지 퍼져나갔다.

가볍고도 무거운

바람은 차게 불고 가랑비는 내리는데
비바람 맞으며 화단의 늦된 꽃송이들
차차차 스텝을 밟듯
흔들고 있는 몸뚱이

리어카에 파지 몇 장, 빗속의 어둑한 길
카스테레오 뽕짝 리듬에 몸 흔들며 뚫고 가는
아니, 흔들리는
한 생의 가볍고도 무거운
발걸음

2

강물의 자궁

나는 그런다, 악아

뽑아서 버리더라도 함부로 능멸하진 마라 목구멍을 위해 뽑아야 하는 것이라지만, 무심한 발길에 그저 밟히는 그들이지만, 계절의 발걸음에 어김없이 맞춰 싹을 틔워 꽃 피우고 씨앗을 맺어 사는 이치 밝히고 서 있다 가까이 눈길을 주면 그 꽃 얼마나 귀여운가, 얼마나 예쁜가, 금세 알 수 있다 그리고 길 가다 다리가 풀릴 때 잠시 쉬어갈 자리가 돼주기도 하고, 맥없이 축 처졌던 영혼이 그 작은 꽃으로 하여 오월 푸르른 나무처럼 일어서기도 하더라

베어서 버리더라도 함부로 능멸하진 마라 앞집 이장 김씨 있지, 그 양반 무슨 의원인가 하는 친구 꽁무니 따라 다니다 땅뙈기 다 날리고, 울화통 터져 읍내에서 술잔 붙들고 하소연하다 밤늦은 귀가 길에 그만 언덕에서 굴렀더란다 눈을 떠보니 중천에서 해는 너털웃음을 웃고 있고 누워 있는 자리는 요처럼 그들이 깔려 있더란다 지난 여름 하늘에 구멍이라도 뚫린 듯 쏟아 붓는 빗줄기에 강물이 불어 동네 사람 모두가 밤을 새며 자루에 흙을 담기도 했지만, 강둑에 그들이 아니면 산마루 떠오르는 아침 해를 가슴 쓸어내린 웃는 얼굴로 어찌 보기나 했겠냐 서로서로 손잡고 아이처럼 깡충깡충 뛸 수가 있었겠냐

*

나는 그런다, 악아 콩밭에서 풀을 매다 무더기로 피어 있는 앙증맞은 그 작은 꽃, 콧마루에 대보기도 하고 옷가슴에 꽂기도 한다 부디 잊지 말거라 잠바를 걸친 귀여운 내 새끼들아 어찌 보면 우리, 이 땅의 보잘 것 없는 풀꽃들이지 않겠냐

벼룩

저녁식사를 마치고 뉴스를 보고 있는데
아이고, 저 벼룩 같은 놈들
툭, 어머니가 한 말씀 내뱉으신다
남에게 욕하시는 걸 본 적 없는 어머니의
벼룩 같은 놈들, 벼룩 같은 놈들
호롱불 밝히고 설거지를 끝낸 어머니는
방안으로 들어오면 고단한 몸을 돌보지 않고 바짝 호롱불을 당신 앞으로 끌어다 놓고는 막내부터 차례로 내복을 벗게 했다
우리가 벗은 옷을 하나씩 들고 손톱에
붉은 피를 묻히며 이를 잡고 벼룩을 잡았다
톡, 톡, 배 터지는 소리는 경쾌했다
먹이는 것도 시원찮은데 귀한 내 새끼들 피를 빨아먹다니,
어머니는 연신 하품을 하면서도 용납하지 않았다
콧구멍이 새까매지는 것도 아랑곳없이 열중이어서
밤이 이슥해서야 그 일은 끝이 나고
맏이인 나는 그 때서야 잠을 잘 수가 있었다
그런데 이 벼룩이란 놈 영악하기가 손오공 빰치는 지라

섣부르게 접근하면 어김없이 점프,
흔적도 없이 감췄다
그놈의 행방을 찾아내기란 풀숲에서 바늘 찾기보다 어렵다고
어머니는 굳이 찾으려 애 쓰지 않고
내일 보자 이놈, 혼잣말로 한 말씀 남기셨다
그러나 해가 지나면서 뛰는 놈 위에 나는 놈 있다든가
결코 튀어 오르도록 방심하는 일 없이 치밀하게
한 놈씩 제압해나갔다 그러면서
왜정 때 앞잡이 순사보다는 그래도 낫지
혼자 중얼거렸다 나는 그 말을 들으면서
도대체 한 민족의 피를 빨아 먹고, 모아 바친
벼룩보다 못한 그들 양심은 어떻게 생겼을까,
그 의문, 철이 들기까지 품고 살다가 까마득히 잊어버렸다
어느새 뉴스는 끝이 나 일기예보를 하고 있다

바나나

제주 해안가에서 바나나 농사를 짓는 여자가 있었다
나무는 아주 실해서 남쪽바다의 사계를 눈에 담으며 보름달처럼 사는 고운 여자였다
어느 여름 불어 닥친 태풍에 그만 실한 나무는 뿌리가 뽑히고 미친바람이 바다로 날려버려 흔적 없이 사라졌다
눈물 한 방울 보이지 않던 바다만 바라보던 그 여자, 달포 쯤 지난 뒤로는 보이질 않았다 행방을 아는 사람은 없고 이런저런 소문만 무성했다

부슬부슬 비 내리는 가을 어느 날 바나나 바나나 바나~나 주문을 외며 빗속의 목포 거리를 여자가 걷고 있었다
비가 그치자 바나나 바나나 바나~나 주문을 외던 여자는 보이지 않았다
그 뒤로도 비가 내리는 가을이 오면 바나나 바나나 바나~나를 외쳤다. 바나나에 실성한 사람처럼 광주, 경주, 제천, 춘천, 서울 등 방방곡곡에 나타나

비가 그치자 바나나 바나나 바나~나 주문을 외던 여자는 보이지 않았다

*

벚꽃 같은 그 여자를 다시 보았다는 사람은 아무도 없었다

부슬부슬 비가 오거나 가랑가랑 비가 오는 날이면 바나나 바나나 바나~나

빌딩 숲 골목에서 메아리처럼 울려나와 사람들의 입으로 가슴으로 흘러들었다

바나나 바나나 바나~나, 바나나 바나나 바나~나, 바나나 바나나 바나~나

겨울이 가고 봄이 오는 사이 더 이상 아무 일도 일어나지 않았다 가끔 술안주는 되었다 바나나 바나나 바나~나

민들레 씨앗 하나

바람 치고 비가 오는 봄날
읍내에 볼일이 있어 외출했다
집에 돌아와 옷을 갈아입는데
바지에 붙어 있는
민들레 씨앗 하나
참 이상한 일이다
흙이라곤 밟은 일이 없는데
어찌된 일일까
아, 허물어져가는
빈집 앞을 지나왔다
가만히 손바닥으로 들고 나가
화단 가장자리에 심어주며
운이 좋은 녀석이란 생각이 들었다
내가 그때 지나지 않았더라면
포장된 길바닥에 내려앉아
뭉개지고 말았겠구나
또 한 생각에 어두워진다, 어두워져서는
겨우 고등학교를마치고도시로나가전자공장에
취직했다무척이나좋아하던기쁨백일도안돼비가

오는늦은밤퇴근길에뺑소니사고를당해길바닥을
흥건히피로적시고지상을떠나고말았던
녀석바람치고비를내리네
올려다 본 하늘
동으로 구름이 걷혀가고 있었다.

강물의 자궁

도도히 흐르는 강물이다

저 물길을 더듬어 가면 주저 없이 스며드는 지천을 만나지 지천을 더듬어 가면 시내를 만나고 개울을 만나고 도랑을 만나고 그 끝에서 딱 마주서는 나무 한 그루

그 한 그루가 숲이 되고 거기 수천, 수만의 아니 헤아릴 수 없는 나무로부터 한 점 티 없이 맑은 한 방울 한 방울이 모여 광화문 앞을 우리의 강물로 도도히 흐르고 마침내 방방곡곡 메마른 대지의 가슴을 적시며 푸르게 흐르는 것이지 갑오년에도 기미년에도 흘렀고 경신년에도 흘렀던 것이지

너, 한 그루 나무여
강물의 위대한 자궁이여

부활절

불이 타오른다
이 산의 불꽃 저 산에서 일고
저 산의 불꽃 이 산에서 일어
붉은 불 하얀 불
동서남북 불붙지 않은 산이 없다
진달래꽃 피는 4월
이 산 저 산이 된 몸살이다

두 손 모아
당신 앞에 무릎 꿇고
속절없이 뜨거운 눈물만 흘리는
노란 리본의 그날
3주년 오늘은
부활절

마리아여 마리아여 성모마리아여
속울음으로만 불러대는
가엾은 이 어린아이들 쓰다듬어주소서
불구덩이에서 구하소서

눈물
–제비

오늘은
하늘을 유영(遊泳)하는 제비를 본다
네 마리다
논밭에서는
드론으로 농약을 치는
꾸무럭한 저녁.

눈물

–하이힐

정류장으로 가는 길
또각거리며 하이힐이 저만치
앞에서 걸어오고 있었다
흔들림 없이 걸어가는
쭈욱 늘인 발목으로 흐르는
장딴지의 선,
가로수 아래서 토끼눈 뜨고 바라보며
반질반질 양가죽 안 작고 하얀 발가락을
허리 굽은 하얀 뼈를 생각했다
어루만지는 빛나는 눈동자의 밤을 생각했다
밤의 씨알을 생각했다 그때
기다리는 버스가 왔다
잽싸게 지퍼를 채우며 뛰어올라
교외로 향했다 눈을 감자 스르르
씨알의 날개를 생각했다
구름 정원에 가득한
꽃의 날개 나비의 날개
비둘기의 날개를 생각했다.

눈물

– 란제리 피팅 모델

지옥 같고,
피 흘리는 느낌
상처에서 살갗을 기어가는,
질질 끌려가는
몸뚱이가 찢기는,
빨간색

공포, 절망
그리고 분노가 공존하는,
셔터가 내려지고
덮쳐온 어둠 속에 혼자인,
숨이 멎는 듯한,
까만색

본능적으로 알아요
바라보는 카메라의 색깔
감내해야만 바람이 없어요
벼랑 끝으로 낙엽처럼 몰아붙이는

바싹 마른 뒷말의 회오리

내려올 수 없는 외줄을 타는
사과 빛 볼연지 바르고 마네킹처럼 문을 나서는
조약돌같이 쬐그만 여자,
햇빛 쨍쨍한 날에도
우기(雨期)를 걷는 여자.

물푸레 아리랑

조금만 움직여도 땀이 솟는
한여름 뙤약볕 아래
물을 퍼 올리다 후줄근히 젖은 옷
물푸레나무 그늘에서 말리고 있다

샘물 가둔 작은 연못
잎 말라가는 벼들에게 목이나 축이라
또랑또랑한 샛별 보고 나와
비지땀을 쏟으며 물 퍼댔다

어금니 악물고 퍼대는
이골이 난 일이지만
힘이 부치는 것은 나이 때문만은 아니다

빙하가 녹아내려 곰들이 살 곳을 잃어가고
기상이변이 여기저기 일어나는데
삼한사온이 무너지고
미세먼지는 산골까지 덮쳐오는데

비의 얼굴은 가뭇없어
다랑이 벼들은
물푸레 물푸레 물푸레 아우성이고
그에 젖은 가슴
물푸레나무 그늘에서 말리고 있다

하얀 국화꽃 위로 캡처되는

쇠로 만든 칼보다
당신,
먹으로 만든 칼을 더 사랑한다 하였죠
쇠붙이 불에 달구어
두들기고 두들겨 물속에 담구고 담가
시퍼렇게 날을 세운 칼날보다
시뻘겋게 달구어진 가슴
까맣게 숯검정이 되었다 다시
달구어진 가슴이 써내려간 먹물의 문장,
그것이 빚어내는 서슬 퍼런 칼날을
더 사랑한다 하였죠
햇살이 치잣빛 향연을 펼치는
어느 가을 송강정에서 만났던 당신,
사위어가는 것들 위에
금빛으로 달빛 소리 없이 스미어 들 때
함께 보자던 함께 듣자던
그 강둑에 홀로 서 있습니다
오래도록 이슬 맞으며
가슴이 먹먹해지고

칼끝으로 저미는 듯 아려오는데
아직 오리무중인
당신

외로 돌아서는 발등에 눕는
하얀 달빛 하얀 국화꽃
그 위로 캡처되는

분식집 앞에서

튀김을 먹는다
간장에 찍어 먹어도 감치는 맛
질리는 일이 없다
기름에 튀겨 기름진 음식
보름달처럼 문을 나서는
나에게 말을 거는
기름진 목소리여
자르르 흐르는 네 말 느끼하다
속이 메스꺼워진다
회전의자의 화석화된 시선으로,
바다 건너 머언 나라에서 들여온
간판으로 들이미는 반질거리는 네 말이
메스꺼우지는 이유
튀김을 배불리 먹어서일까
그 말을 알아듣지 못해서일까
귓구멍을 새끼손가락으로
후벼내고 후벼내면서
사기 아닌 유리컵의 물이여
더욱 깊어지는 갈증이여

웃음

성직자 아들을 둔
늙은 어머니가 점집을 찾았다
복채를 올려놓고
앞날이 어떤지 봐 달라 했다
눈 감고 딸랑이를 한참동안 흔드는 점집 사람
번쩍 눈을 뜨더니 어서
어서 나가달라 했다
복채가 부족해서 그러냐며 두둑하게
올리려는데 벌떡 일어나 등을 떠밀었다
신성한 기운이 감싸고 있어 점괘가
도대체 나오지 않는다고
얼굴에 진땀까지 흘리며
나 좀 살려달라고
하는 수 없이 점집을 나오자
으쓱, 웃음이 절로 나오는 것이었다
손으로 입 가리고 신도들에게 소곤소곤
이야기를 눈 내려뜨고 듣던
그들의 이구동성
거기가 어디냐

슬픈 시간

얼굴은 그 사람의 마음
텔레비전을 보면서 칼질을 한다
또한 톱질을 한다
등장하는 인물들
칼을 댄 얼굴이나
그러하지 못한 얼굴이나
거의가 피할 수 없다
ㄱ의 이마와 눈만 남기고 잘라 내고
ㄴ의 코
ㄷ의 인중과 하부
얄팍하지 않고 도톰한 ㄹ의 입술
ㅁ의 귓불
ㅂ의 눈썹
ㅅ의 치아
흠결 없이 오려 내어
누님 같은 얼굴
이모 같은 얼굴
어머니 같은 얼굴
큰 며느리 같은 얼굴

보름달 같은 얼굴
우물 같은 얼굴
퍼즐처럼 짜 맞추는 시간
내 가슴 속의 모음들이 비로소 '아어오우이'
행복한 시간
세상 속에서 세상 밖의 시간
속의 나는 아버지
그래서 슬픈 시간

낙동강 카페

그대들만의 견고한 성을 쌓고
번들거리는 흰 살결을 위하여
먹고 마시는 사람들이여
낙동강으로 오시라
국적도 없는 신개발의 미명으로
욕망의 이끼가 푸르게
푸르게 자라는 낙동강으로 오시라
와서 실컷 퍼 마시라
낙동강은 지금
녹조라떼를 무한 생산
무한 리필하는 무상 서비스 중
흰 살집의 흰 살집에 의한 흰 살집을 위한
그 탐욕을 위하여
개벽 이래 생명수가 흘렀던
여덟 개의 사업장에서
ㅂ자 알파벳도 모르는 바리스타
시방 밤잠도 자지 못하고 매진 생산하는
낙동강 노천카페
어서 어서 오시라

실컷 퍼 마시라 재수 좋으면
흰 물고기 라떼아트 곁들여 마실 수 있나니

가난한 촌부(村夫)의 노래

가진 게 없어 배운 게 없고
배운 게 없어 욕심이 없다

땅을 일구어 씨앗을 넣고
새의 혓바닥처럼 돋아나는 새싹이
하루가 다르게 자라나는 어린잎이
아침저녁으로 누리는 나의 보람이다

햇살과 비만이 아닌
아침 이슬과 벌 나비
저녁노을과 달빛 별빛
풀벌레 노래 소리가 어우러지는 곳

풀 뽑으며 그 꽃 머리에 꽂는
마음결에 피어나는
애련(愛憐)의 물보라여

거기에서 작물은 자라고
차고 이우는 절기 따라 결실을 맺는다

하여 소출이 많아도 좋고 적어도 좋다

생명은 대지에 있고
대지는 항상 우주로 열려 있나니
하여 만물에 언제나 조응하나니

독려와 격려에 오늘을 사는 나는
그 누구도 속이지 않는
넉넉한 저울의 눈금이 있을 뿐
수단과 방법은 가누지 않는다

권모와 술수, 지략과 전략을 모르고
주판과 갑, 출세와 권력을 모르고
법을 모르고 주먹을 모르고
여의도 땅 한 평이 얼마인지 모르고
롯데타워 높이가 얼마인지 모른다

땅을 언제 갈고 씨앗을 언제 넣고
꽃은 언제 피고 결실은 언제 맺는지를

또한 결실은 3할이 노동이요
나머지는 하늘과 땅, 만물의 조화임을
자연에서 배운 지식이야 숲처럼 푸를 뿐

가진 게 없어 배운 게 없고
배운 게 없어 욕심이 없다 로 하고 싶은데요,

그래 욕심이 없다

3

나는 태생이 불온하였다

나는 태생이 불온하였다

창공이 보이지 않는 동굴 속
똬리 틀고 들어앉아
양들을 잡아먹고 집비둘기를 잡아먹고
아가리 붉은 아가리
항상 칼을 물고 있었다
바람은 비릿하여 파리한 달을 품고
하늘 한 뼘 우러러 보지 않았다
늑대의 눈빛만 빛났다
아기집을 뒤집어쓰고 일찍 태어난, 불온한
나의 앞마당은 언제나 명료하였다
언제나 말이 없었고 바람을 일으키는
일획의 행동만이 있었다 그리고
서책에만 눈이 있었다
보이는 것이 보이는 것이 아니니라
들리는 것이 들리는 것이 아니니라
아무짝에도 쓸데없는 글들만 가득했다
산이 물이고 물이 산일 수는 없을까
바람이 숲이고 구름이 꽃일 수는 없는 것일까
세상은 여전히 칼이 밥이 되고

궁리의 기름방울들 오지의 맑은 물 위에서 떠돌듯
행간에서 둥둥 떠도는 사이
하얀 뼈들만 산처럼 쌓여갔다
아 해밝은 대낮의 유배여
철창에서 달빛을 긷는
나는 태생이 불온하였다

부끄러워라

햇빛 아래서도 어둠 속에서도 부끄러워라
언제부터인지 딱히 기억나진 않지만
하늘을 보아도 땅을 보아도 부끄럽고
별을 보아도 달을 보아도 새를 보아도
꽃을 보아도 흙을 보아도 나무를 보아도 다람쥐를 보아도
소를 보아도 불을 보아도 물을 보아도 부끄러워라
고라니 우는 밤의 소리도 벽시계 걸음 소리도
야래향의 내도 시궁창의 내도 아내와의 키스도
종아리를 기어가는 벌레도 부끄러워라
물을 마셔도 밥을 먹어도
산책을 해도 노동을 해도
부끄러워라 부끄러워라 부끄러워라
모은 두 손의 아담처럼
두 손을 번쩍 치켜들 수 없는 생이 부끄러워
발걸음 하나 나비 앉듯 내딛어도 돌아서면 부끄러워라
새털같이 건너가는 말
가시가 되고 칼이 되어 부끄러워라
미소를 지어도 침묵으로 있어도

불이 되는 것이 부끄러워라
어둠이 되는 것이 부끄러워라
날리는 연이 부끄럽고 산을 오르는 것이 부끄럽고
펜이 칼이 되어 부끄럽고 칼이 밥이 되어 부끄럽고
밥이 살이 되어 부끄럽고 아이를 보아도 어머니를 보아도
촛불 켜고 두 손을 모아도
고요히 물같이 흐르고 싶은 내가 부끄러워다
부끄러워라 부끄러워라
부끄러워하는 내가 부끄러워라

춘천호에 가지 않았다

영어 단어가 외워지지 않고
오징어먹물만 머릿속에 가득한 밤
흑백텔레비전에서는 화려어가앙산
춘천호(春川湖)가 장관이어서
꼭 한번 가보리라……

오월 미루나무 같은 청춘의 한 때
빌딩 숲 휘황한 그늘 속에서
눈물에 매여 거리를 떠돌고 있을 때
가고 싶은, 가쁜 숨 몰아쉬며
달려가고 싶은 내 고향

수장된 지 오래인 그곳,
그랬구나, 그때,
만나는 이마다 부둥켜안고 눈물 흘리다
봇짐들 이고지고 두 다리 끌며
먹구름처럼 밀리어가던 그 옷자락들

아, 영어 단어가 외워지지 않고

오징어먹물만 머릿속에 가득하던 밤
흑백텔레비전의 화려어가앙산
춘천호에 꼭 한번 가 보리란 그 다짐,
나는 차마 이루지 못하고 있네.

눈물 편지

아우는 창밖으로만 눈으로 돌리고
나는 방 안에 앉아 있다
나의 진공과 아우의 바람은
부딪쳐 부서져 내리고
연전에 집을 나간 누이는
꽃노을의 강 언덕을 버려둔 채
여즉 돌아오지 않았다
눈을 가만 감으니
질항아리 속에서 바람이 한 점
갸웃 고개를 내밀고
앵돌아진 가슴 이내 눈물이 괸다
아우의 어깨에 손을 얹고
소복이 눈 쌓여 있는 창밖 내어다보며
누이에게 보낼 편지를 구상한다
내일은 잠시 아우의 손을 잡고
간이역에 가서 눈물 편지를 부쳐야겠다

단팥빵이 먹고 싶다

종아리가 핏발서도록 아버지에게 회초리 갖고 뒤란에서 소리 없이 울고 있을 때, 기척 없이 다가온 할머니가 가만히 쥐어주던 단팥빵

두 볼이 한동안 얼얼하게 선생님에게 얻어터지고 자취방으로 돌아가는 길, 친구 손에 이끌려 제과점으로 들어가 우걱우걱 먹어치우던 단팥빵

부장과 맞서다 어쩔 수 없이 처자식 얼굴 지워가며 흘림체로 쓴 사직서 던지고 일찍 귀가했을 때, 어제의 눈빛으로 아내가 내밀던 단팥빵

쏟아지는 눈발에게 채찍을 휘두르는 바람소릴 들으며 따끈따끈한 구들방 아랫목에 앉아 있는 휴일의 한낮, 괜스레 눈물은 소르르 흐르고……

나에게 쓰는 편지

–선물

눈보라 속을
뚫고 가는 당신,
선물 하나 드리고 싶습니다

뜨거우나 뜨겁지 않고
차가우나 차갑지 않은
부드러우면서 아주 단단한
씨앗 한 톨

싹을 틔우기 위해
눈동자 굴릴 필요 없고
열매를 맺기 위해
땀 흘릴 필요가 없습니다

그냥 가슴에 품으면 됩니다
다만 눈을 감고 들숨날숨을
느끼면 됩니다

길 위의 당신에게 드리고 싶은
동그란 움막 같은 작은 쉼표 하나가
바로 그것입니다

나에게 쓰는 편지

–벚꽃

만발한 저 벚꽃

오늘을 위해
날선 칼날 위에 선 듯
태풍과 눈보라를 견디어내고
곰팡이와 벌레에 맞서며
달리는 말에 채찍질하며
마련한 것이다
그보다도 그보다도
다른 나무들보다 일찍 앞마당을 쓸고
쓸쓸한 듯 대문을 걸고 들어 앉아
눈 오면 눈이나 보고 바람 불면 바람이나 보며
제 스스로를 머리 쓰다듬었던 것이다

환희의 저 탄성을 들어라

나에게 쓰는 편지

–예술의 전당

모란꽃의 나비
엉겅퀴꽃으로 옮겼다가
허공에 한 바퀴 동그라미 그리고 골무꽃으로
내리는 사이
휘파람새는 화살나무에서
붉은머리오목눈이는 느릅나무에서
직박구리는 수양벚나무에서
연둣빛 오월을 노래한다

나비의 공연을 보려거든 꽃을 심고
새들의 노래를 들으려거든 나무를 심을 일
꽃과 나무들이 어우러진
그대는 예술의 전당

각(角)

코스모스 하늘거리는 길 위에 서 있다 나의 발걸음은 캐스터네츠 연주를 잠시 멈추었다 잃어버린 각, 언제였을까 어디였을까 지하방에서 나와 청계천을 지나 종로 거리를 걷기 시작한 그즈음일까 최루탄을 마시며 동아리방에서 술잔을 기울이던 그 즈음일까 가출한 사춘기에는 분명 차고 흰 거울 속에서 빛나고 있었던 각(角), 가까이 갔는가 하면 멀어지고 오랜 동안 종적 없던 그 슬픈 까닭은 무엇일까 마음만 바쁜 날들아 어설픈 밝음 속에서 허방은 더 위험한 짐승이다 어둠을 풀어헤치기 위하여 풀벌레는 밤을 새워 노래한다 어둠이 깊을수록 노래의 조리개는 넓어진다 꽃잎 켜 사이의 그늘에 채도와 광도가 살아 있는 한 송이의 꽃, 오롯한 꽃이여

먼동이 터오는 고갯길에 나는 서 있다 정수리에 뿔은 있다

들꽃

들판의 꽃들이 아름다운 것은
어우러져 있기 때문이다
작고 보잘 것 없는 꽃들이 내놓기도 하찮은 이름으로 혹은 신분증에서 잠자는 이름으로, 이른 새벽 지하철 입구로 몰려 들어가고 몰려나오는 무리처럼, 밤하늘 별무리처럼, 해 뜨는 아침 풀잎 이슬처럼 함께 피어 있기 때문이다
들판에 피어 있는 꽃들이 아름다운 것은
짐승들이 무질러가며 꺾어 놓아도 기어코 몸을 세워 꽃을 피우기 때문이다
가끔씩, 그을리고 상처받은 마음들이 찾아와 잠자는 이름을 깨워주고 보름달처럼 환하게 웃는 얼굴 잇대어 사진을 찍기 때문이다.
돌아가는 길 위의 등이 눈부시기 때문이다.

그릇

맛있는 식사를 마치고
고춧가루가 묻어 있는 밥그릇을 닦고
김칫국이 얼룩진 접시와
꽁치기름이 엉긴 접시를 닦는다
이 지저분한 그릇들이
나를 살리는 음식을 담아내었듯이
땡볕 아래서 그늘진 곳에서
악취를 견디어내며 기름을 뒤집어쓰며
누군가의 그릇이 되는 사람들이 있다
더러워지지 않고서는 그릇일 수 없어
슬픔과 기쁨의 음식을 담아내고
구정물 속에 몸을 담그고 나서야
비로소 빛나는 그릇이 되는 사람들
하늘을 날아오르는 하얀 새처럼
눈부실 때까지
그릇들을 닦고 헹구어내면서
세상을 살 오르게 하는 그릇이고 싶다
뽀드득 날아오르고 싶다

밥 · 산감나무

뒤란의 산감나무
푸르른 잎들
단풍 들었다가 다 떠나가고
노란 감들만 남아 노을빛을 닮아가는데
바람만 지나갈 뿐이어서
그늘이 끼는데
물까치 떼 비껴 날며 깍깍깍
한 마디씩 하고 간다
된서리 내려앉고
하얗게 눈 쌓이는 날이여
심지 돋우어
타오르는 등불들,
뒤란이 환해진다

누군가의 밥이 된다는 것은
들끓는 모든 성깔을 태워서
한 그릇 불잉걸로 남는 것이리.

스텝 밟기

무대에 올라
슬로우 슬로우 퀵 퀵
투 쓰리 차차차 스텝을 밟는다

시냇물은 경쾌하게 흘러가고
나무는 부드럽게 뻗어가고
새는 힘차게 날아가지 않더냐

무대의 주인공은 나
남루를 걸쳤어도 별은 빛나네
깃발처럼 스텝을 밟아라

'피리 부는 사나이'리듬을 깔고 시장통
시린 물결 두 팔 몸뚱이로 밀고 가는
저 함박꽃 얼굴

가끔 어깨가 무거워질 때면
깊은 잠 속이라도 징검돌 건너듯
슬로우 슬로우 스텝을 밟아다오

*

하여 봄바람에 깃발 나부끼듯
슬로우 슬로우 퀵 퀵
투 쓰리 차차차, 차차차……

귀가사(歸家辭)

종각에서 지하철을 타고 용산역에서
허겁지겁 오르내리며 막차에 몸을 실었다

차량번호와 좌석번호를 확인하고
자리에 앉아 숨을 고르는데, 불쑥
코앞에다 차표를 들이대며 자기 자리라는 것이렸다
화들짝 놀라 여기는 분명 6호차 00번이 맞는데……
주머니에서 차표 꺼내 눈구멍 저만치 내밀어 살펴보고
옳다구나, 괘씸토다, 한 말씀 내뱉으려는 순간
'선생님, 여기는 5호차인데요'
가리키는 손(히야 섬섬옥수로고!) 끝을 보니, 아뿔싸
불덩이 얼굴로 일어서다 그만 휘청하는데
날렵하게 팔을 잡으며 '조심하셔요, 선생님'(섬섬옥수로고!)
벚꽃처럼 보드라운 손 내어주고 종소리를 듣던 그녀(섬섬옥수로고!)
종각에서 처음 만났던 스물 갓 넘은 그녀(섬섬옥수로고!)
그런데 열차는 왜 내려가는 것이 아니라

자꾸만 올라가는 것이다냐

이우는 밤 돌아와 꿀잠을 잔다,
그녀의 갈퀴손 가슴에 올리고

스코틀랜드에 가 보았지

팔짝 뛰어오르면 손에 잡힐 듯이
뭉게구름이 낮게 흐르는
그곳에서는
하루에도 여러 번
비가 오다를 반복했지
그러나 사람들은 늘
꽃처럼 밝고 튀는 공처럼 명랑했지
잠깐 사이 맑은 하늘처럼 푸르렀지

스코틀랜드에 가 보았지
나쁜 날씨는 없고 나쁜 복장만 있다고 했지
빗물의 질량이 무거운 사랑은 없다고 했지

비빔밥

입맛이 없을 때
비빔밥을 먹는다
묵은 김치랑 콩나물에 쑥갓
골고루 밥 위에 올리고
고추장 한 숟가락에 참기름 몇 방울
쓱싹쓱싹 비비노라면
금세 입안에 가득 도는 군침
숟가락 한가득 밀어 넣자
으음-
저절로 나오는 탄성
눈물 콧물에 쓴물 쏟던 날들에
새콤하고 달달한 날들까지 버무려진
그 맛
오미(伍味)의 감칠맛이라
뚝딱 한 그릇 비운다

사랑에 입맛이 없을 때 나는
비빔밥, 꼭 비빔밥을 먹는다

버드나무

초록 스카프 목에 두르고
스카프자락 휘날리며
어깨는 들썩들썩 고개는 꺼떡꺼떡
스포츠카 타고 내달리는
저 젊은이

가슴에 얹히는 돌덩이 바람에 날려버려야 해 사랑은 속도와 힘인 거야 우물쭈물 망설이다 도사리가 되기도 해 바람이 흔드는 것 아니야 바람 타고 흔들고 있는 거야 바윗덩이부터 먼지까지 모두 털어내고 있는 거야 사는 게 뭐 별거 있어 사랑이면 부드러워 하늘하늘 사랑 말고 신명나는 일 무에 있겠어 사랑 아닌 거 무에 있겠어

저 오래된 버드나무
진흙 속 뿌리로부터 솟아오르는
물줄기 리듬에 맞춰
초록 스카프 목에 두르고
스포츠카 신나게 내달리며
흔들흔들, 생글생글

언제나 달금한 사랑을 꿈꾸는
저 젊은이 좀 보아

별을 보러 가자

사랑아
벚꽃터널 길을
걷고 있다

너에게
가는
길

바람이 분다
물고기 비늘처럼
꽃잎이 떨어지고 있다

우리는
별을 보러 가자

4

꽃의 밥

꽃의 밥

함박, 방금 피어난
김 모락모락 꽃 한 송이 받은 아침은
언제나 푸른 하늘을 훨훨 날아갑니다

꽃잎을 냠냠 뜯어먹고
한 잎도 남기지 않고 모조리 뜯어먹고
동그라니 꽃받침만 남기고 문을 나섭니다
내딛는 발걸음 용수철 튀듯 가볍습니다

그 힘으로
우물을 찾아가는 야곱처럼
하루의 광야를 건너가는 것이겠지요
바위산에 올라 야호!
메아리도 불러보는 것이겠지요

함박, 저녁상에도 피어납니다
아내의 가슴에서 피워내는 꽃송이들
나는 그 꽃의 밥입니다

집을 짓네

집을 짓네, 달구질
달구질하여 주춧돌 놓고
기둥을 세우고
도리를 걸치고
상량을 올리고
서까래 깔아 기와를 올리네.

구들을 깔고 안방 하나 서재 하나
앞마루와 툇마루
삼 칸 홑집을 짓네.

한겨울에 집을 짓고 봄이 오면 하루에도 수십 번 손수레를 끌고 외출했다 돌아오는 까치 이야기며 붉은머리오목눈이와 뻐꾸기의 이야기며 웃음과 눈물의 길고 짧은 이야기가 기둥이고 상량이고 기와인 집.

앞마루에 앉아 오는 손님 냇물처럼 웃음으로 맞이하고
툇마루에 앉아 저녁 산을 보겠네, 새들을 보겠네.

참새가 있는 풍경

1.

아이가 빵을 물고 걷는다, 뛰어간다
길 위에 그 한 조각 동그마니 남는다
자동차 붕 지나가고 짹 짹짹짹 참새 넷

2.

첫닭 우는 꼭두새벽 나무 한 짐 짊어지고
십 리 숫눈길을 다녀온 울 아버지
자루 속 좁쌀 한줌을 헛간 안에 상 차려

3.

선지(宣紙) 펴고 먹을 갈아 붓끝으로 세워보는
울 없는 집 한 채와 옹기 몇 장독대
마당엔 쪼그린 나와 한 무리의 참새 떼

무거움의 변주(變奏)

마당에 햇살 양탄자 깔리자
노랑 병아리 떼 종종종,
꾸꾸꾸 삐악삐악 삐악삐악

실오리의 생명이 빚어내는
모차르트의 플룻 4중주 1번 1악장

골물 흐르는 소리 열리고

산밭 산벚나무 아래
바랜 놋그릇 빛 골진 얼굴에
일순 활짝 번지는 미소

어둠의 더께를 털고
기지개를 켜는
나무여 숲이여

생명

힘 겨루다
도망가는 숫염소가 씩씩대며 내지르는 발길질에
목책이 주저앉는다

우르르, 우르르르 달려 나간 드넓은 푸른 초원

집에 가는 것도 잊은 아이들처럼 뛰어노는 그 등허리에
쏟아지는
9월 정오의 눈부신 햇살

쇠제비갈매기

굵은 빗줄기가 황룡강을 파고든다
쇠제비갈매기 한 마리가 바위섬을 지키고 앉아
비를 맞고 있다
은빛 피라미를 문 쇠제비갈매기가 강물을 차고 올라
비를 뚫고 그 앞으로 쏜살같이 날아든다
피라미를 건네주고는, 목을 길게 빼들고 종종종 맴을 돈다
받아먹은 쇠제비갈매기가 빛나는 얼굴로 마주 서더니
부리 한번 맞추고 이내 꽁지깃을 치켜든다.

가족

어미 잃은 고양이 셋
마루 밑에 엉겨 있다
바람막이라고는 서로의 몸뚱어리뿐
긴 밤을 건너온 아침
엉겨든다 햇살 한 자락

배불리 밥을 먹은
어린 고양이들
햇살 멍석 깔아 놓은 토방에서
신이 났다
집 나간 그 이후로는
본 적 없는 어미 얼굴

찬바람에
나뭇가지 히잉 힝 우는 오정(午正)
살근살근 몸 비비고 헛발질에 발랑 눕고
서로를 핥아주면서
건너가는 겨울 별판

물빛 드라마

읍내 외곽에서
사료가게를 하는
칠순잔치를 거하게 두 번이나 벌인 부부
오늘도 가게 앞 인도에서
자귀나무꽃 같은 얼굴에
두 손 마주잡고 걸음마놀이 하고 있다
작달비가 아니라며
눈보라가 아니라며
날마다 여자가 연출하는
드라마의 한 장면이다
지천명 문턱 마루 길에서
중풍으로 넘어진 사내가
남자 주인공인,
마른 가슴으로는 보이지 않는
세상에서 가장 아름다운
호박꽃 같은 여자의
조연 드라마
절찬 방영 중

늦된

빨갛게 타오르는 단풍잎
옆에 노랗게 젖어가는 함박꽃나무
그 뒤 배경처럼 서 있는 목서 한 그루
그 사이
스산한 바람 속 키 작은 글라디올러스

누구던가
봄여름에 피워보지 못한 붉은 장미꽃
그러안고 눈물짓는
조약돌 같은 사람,
강말랐으나
손가락 마디가 굵은 사람

걷노는 커플 반지 참기름 발라 끼던 날,
홀로 앉아 달빛에 젖곤 하던
강둑에서 꺼억꺽 울음을 쏟고
강물처럼 보름달을 품었다는……

붉게
웃고 있다 꽃이, 사방이 환하다

살구꽃과 나비

선천성 하반신 장애 노인 둘이 마루에 앉아
열 평 남짓한 하늘을 수놓은
살구나무, 꽃을 보고 있다
살포시 손을 잡고
벌 떼 윙윙대는 살구꽃을 푸른 하늘을
엷은 미소로 바라보다 하르르
꽃물 번진 얼굴 마주보고는
다시, 만발한 살구꽃을 푸른 하늘을
바라보는 맑고 깊은 눈동자,
붙었다 떨어지고 떨어졌다 붙으며 날아가는
푸른 하늘 노랑나비에 박힌다.

백로(白鷺)

샛강에 머리 박던 백로 한 마리
물을 박차고 날아오른다
창공에 도달하기까지 힘차게
활개를 치며 사선(斜線) 한 줄 긋더니
창공에 이르러서는 무슨 일 있었느냐는 듯
느긋하니 우아하니
수평의 무색 비행운을 남기며
길 없는 길을 가고 있다

처음부터는 아니었다 소나무 꼭대기에서 몇 번인가 나뭇가지에 부딪기도 땅바닥에 곤두박질도 했다 그 때마다 머리를 쥐어박기도 죽지를 물어뜯기도 했다 울컥 울컥 주먹만한 설움이 목구멍을 막아서기도 했다

타래난초

양지바른 둥근 집
아주 누웠다 그는
여기 눕기까지 평생
직선의 길을 닦았다
주저앉았다가도 일어나면
돌아가는 법이 없었다
다시 황소처럼 밀고 나갔다
그래야 직성이 풀렸다
돌아가는 것은 굴욕
쇠고집이라고 쑤군대도
낯빛 하나 변하지 않았다
누워 십 년, 아버지
득도(得道)한 것일까
발그레
나선(螺旋)의 길을 열어
하늘로 오르고 있다

밥

16년 만에 강취라는 한겨울
쩡 쩡 쩡-
호수에 얼음 끼는 소리,
컹 컹 컹- 개 짖는 소리,
뒤척이는 긴 밤이 지나고
바라지에 빛이 들자마자
팔순 고개 넘으신 어머니
포트에 물 끓이며 중얼거리신다
밤새 얼매나 떨었을까이
주전자 들고 나가셨다
들어오시는 코끝이 빨갛다
- 날 좀 풀리면 나가시지 그러세요
- 속이 차야 견딜힘이 나는 거여
  사람이나 짐승이나 똑같은 법이제
  글고 말 못하는 짐승 먼저 챙겨야
  목구멍에 밥이 넘어간당께

서동골 고모

한 시상 사는 디
눈 속에서 매화 버는 일도 있겄지만
어디 매양 그러기만 허던가
장미화 오뉴월에 무서리 치는 일 허다허제
그럴 때
부글부글 부애가 끓어오를라치면
엿가락 뽑대끼
그냥 한 가락 뽑는 거여
살으리 살으리랏다 머우랑 달래랑 먹고
아리 아리랑 쓰리 쓰리랑 응 응 응 아라리가 났네
그러다 보면 어깨춤이 절로 일고
문지방 밟고 섰던 북망산이 쩌어만치 물러나디
그렇게 아무 일 없는 것맹키 하레 또 넘기는 거여
한 시상 사는 거 머 별거 있당가

건강에 좋다고 찰랑찰랑 무말랭이차 따라주며
고개 들지 못하는 반백(半白)의 등짝 토닥토닥,
학교 문턱이라곤 밟아본 적 없는
그야말로 무식한 우리 고모

산책

금으로 홍보석으로 산과 들이 물들어 가는 물결 속, 서산으로 기울어 가는 햇살 받으며 하얀 꽃을 피운 강둑의 새들은 바람이 읽어주는 악보에 맞춰 나비 떼 날 듯 춤을 추고, 앞서거니 뒤서거니 반짝이며 흘러가는 강물에 가끔씩 허공으로 솟아오르는 반짝이는 은빛 물고기를 보며 둑길 따라 나는 듯이 걷고 있다

이제야 보이는, 책 속에서 보았던 풍경
속의 사람아, 처마 끝에서 풍경이 운다

밤눈 내리는 석촌호수 둘레길을 장미아파트의 꺼져가는 불빛 멀리 바라다보며 배회하다 태평동 옥탑방에 몸을 뉘이고, 빌딩 숲 서울거리를 앞만 보고 뛰어다니다 경복궁에 발 한번 들여 보지도 못하고 남한산 엉덩이 붙이고 오롯이 한번 쳐다보지도 못한 채 봄여름은 내게서 빠져나갔다

계절이야 때가 차면 갈마들지만

이 가을, 결코 가 닿을 수 없는 그 모로 누운 길을 그러안고
함박눈 내리고 쌓일 하얀 풍경을 향하여, 나는 걷고 있다
사늘한 눈빛, 고르지 않은 박자의 콧노래와

황룡강에서

솜틀에서 갓 빠져나온 이불솜 같은 둔치의 억새 꽃밭,
눈길이 먼저 가 닿고 마음 한 점 눕는다.

갈라졌다 흩어지고 흩어졌다 갈라지는 물길이 품고 있는 크고 작은 섬들 중에 매자기가 울을 두른 내 몸체만한 작은 섬, 거기 머리를 깃 속에 묻고 설핏한 햇살에 플러그를 꽂은 왜가리 네 마리가 따로 또 같이 앉아 숨을 고르고 있다.

그 사이, 포르릉 포르릉 내려앉는
마음, 마음이여.

해는 벌써 빗각으로 기울었는데,
속수무책 일어서는 불덩이여.

|해설|

나와 우리 삶 탐구와 생태학적 상상력

–변재섭 시집 『강물의 자궁』을 중심으로

강 경 호

|해설|

나와 우리 삶 탐구와 생태학적 상상력

–변재섭 시집 『강물의 자궁』

강 경 호

(시인, 문학평론가, 《시와사람》 발행인)

1.

변재섭 시인의 시세계는 크게 세 가지로 나눌 수 있다. 시인 자신을 살펴보는 시편과 이 시대를 살아가는 우리의 삶을 내밀하게 살피는 시편, 그리고 시인이 가장 많은 시적 관심을 갖는 생태시편 등이 그것들이다.

시인 자신의 삶을 살피는 시편들은 참된 삶을 위한 것과 불우했던 날들을 뒤돌아보기도 한다. 그리고 스스로에게 위안을 하기도 하고 즐거운 집을 묘사하기도 한다. 두 번째 주제인 이 시대를 살아가는 사람들의 삶을 살피는 시편들에서는 수몰민들의 애환, 치열하게 살아가는 사람들, 고단하게 살아가는 사람들의 초상을 보여준다.

마지막 주제인 생태학적 상상력을 드러낸 시편들에서

는 작은 생명체 하나에도 경외심을 보이고, 생명의 시원을 따라가기도 한다. 더불어 봄날 되살아나는 생명들에게서 한없는 기쁨의 환희를 느끼기도 한다. 뿐만 아니라 인간의 탐욕으로 인해 죽어가는 생명들에게서는 안타까워한다.

이처럼 변재섭 시인은 나와 우리, 그리고 살아있는 모든 것들의 안위와 정체성에 대해 깊은 사색을 하고 있다. 이는 서정시가 추구하는 본질에 맞닿아 있다.

2.

서정시는 자아와 세계가 화해하려는 시도이며 그러기 위해서는 자아와 세계가 끝없이 충돌하는 모순을 동반한다. 이러한 노력은 자아와 세계가 하나 되고자 한다. 또한 서정시는 자아와 세계만이 충돌하는 것은 아니다. 자아와 또 다른 자아가 충돌하는 모순을 동반한다. 이러한 서정시의 배경에는 모순되고 부조리한 현실이 있다. 그러므로 서정시는 비틀어지고 왜곡된 자아를 성찰하고 통찰하고자 한다.

코스모스 하늘거리는 길 위에 서 있다 나의 발걸음은 캐스터네츠 연주를 잠시 멈추었다 잃어버린 각, 언제였을까 어디였을까 지하방에서 나와 청계천을 지나 종로 거리를 걷기 시작한 그즈음일까 최루탄을 마시며 동아리방에서 술잔을 기울이던 그 즈음일까 가출한 사춘기에는 분명 차고 흰 거울 속에서 빛나고 있었던 각(角), 가까이 갔는가 하면 멀어지고 오랜 동안 종적 없던 그 슬픈 까닭은 무엇일까 마음만 바쁜 날들아 어설픈 밝음 속에서 허방은 더 위험한 짐승이다 어둠을 풀어헤치기 위하여 풀벌레는 밤을 새워 노래한다 어둠이 깊을수록 노래의 조리개는 넓어진다 꽃잎 켜 사이의 그늘에 채도와 광도가 살아 있는 한 송이의 꽃, 오롯한 꽃이여

*

먼동이 터오는 고갯길에 나는 서 있다 정수리에 뿔은 있다

-「각(角)」 전문

'각(角)'은 원만하지 않고 마치 염소의 뿔 같은 모를 말한다. 흔히 '모가 나다'고 하는 말을 하는데 이는 아직 다듬어지지 않았다는 것을 의미한다. 이 작품에서「각(角)」 또한 이러한 의미에 닿아있다. 화자는 오래된 날들을 회상하며 각을 잃어버린 때가 언제였는지를 생각한다. 그러므로 현재는 '각'이 없다는 의미이다. 도무지 각을 잃어버린 때가 언제였는지 잘 떠오르지 않는다. "지하방에서 나와 청계천을 지나 종로거리를 걷기 시작한 그즈음"인지, "최루탄을 마시며 동아리방에서 술잔을 기울이던 그즈음"인지, 가뭇하다. 그 무렵 '각'은 "가출한 사춘기에는 분명 차고 흰 거울 속에서 빛나고 있었다. 여기에서

'각'은 화자의 성격을 드러내는 표지, 즉 자아의 모습이다. '각'은 대학시절 시인의 모습일 것이다. 최루탄을 마시며 자신의 진로보다 정의를 위해 동아리방에서 술잔을 기울이던 청춘의 마음속에 난 '각'은 분명 모가 난 것이지만 순수하고 아름다운 것이었을 것이다. 이는 "어둠을 풀어헤치기 위하여 풀벌레는 밤을 새워 노래한다"고 한 윤동주 시인의 말을 빌어 화자는 "어둠이 깊을수록 노래의 조리개는 넓어진다"며 어둠 속에서 아침을 기다리며 밝음을 위한 각을 세우고 있다. 그러므로 이 작품 속에서의 각은 부정적인 의미로써의 모가 난 것이 아니라 긍정적인 의미를 지닌다. 마침내 "그늘에 채도와 광도가 살아있는 한 송이의 꽃, 오롯한 꽃"을 피워낸다.

「나는 태생이 불온하였다」는 시인의 자화상이라고 해야 할 것 같다. '시인'이라는 존재들 자체가 불온하고 삐딱한 것이라는 상식이 아니더라도 변재섭 시인은 함부로 쓰는 권력이라는 폭력에 저항하는 모습을 보여준다.

창공이 보이지 않는 동굴 속
똬리 틀고 들어앉아
양들을 잡아먹고 집비둘기를 잡아먹고
아가리 붉은 아가리
항상 칼을 물고 있었다
바람은 비릿하여 파리한 달을 품고

하늘 한 뼘 우러러 보지 않았다
늑대의 눈빛만 빛났다
아기집을 뒤집어쓰고 일찍 태어난, 불온한
나의 앞마당은 언제나 명료하였다
언제나 말이 없었고 바람을 일으키는
일획의 행동만이 있었다 그리고
서책에만 눈이 있었다
보이는 것이 보이는 것이 아니니라
들리는 것이 들리는 것이 아니니라
아무짝에도 쓸데없는 글들만 가득했다
산이 물이고 물이 산일 수는 없을까
바람이 숲이고 구름이 꽃일 수는 없는 것일까
세상은 여전히 칼이 밥이 되고
궁리의 기름방울들 오지의 맑은 물 위에서 떠돌듯
행간에서 둥둥 떠도는 사이
하얀 뼈들만 산처럼 쌓여갔다
아 해밝은 대낮의 유배여
철창에서 달빛을 긷는
나는 태생이 불온하였다

-「나는 태생이 불온하였다」 전문

시제부터서 왠지 불편하게 느껴진다. 그러면서 플라톤의 『시인추방론』이 떠오른다. 본래 시인은 참을성이 없는지 모른다. 늘 무엇인가 모순되고 부조리한 것들을 그냥 지나치지 않는 태생이 불온하기 때문이다. 화자를 살펴

보면 "창공이 보이지 않는 동굴 속/똬리 틀고 앉아/양들을 잡아먹고/집비둘기를 잡아먹고/아가리 붉은 아가리/항상 칼을 물고 있는 존재"라고 한다. 아니다, 그 말은 틀린 말이다. 그러나 나는 안다. 변재섭 시인은 양과 집비둘기를 잡아먹는 붉은 아가리가 못된다. 그는 자신의 정서가 불온하다는 것을 말하고 싶었을 뿐이다. 오히려 시인은 매우 나약하다. "서책에만 눈이 있었다" "아무짝에도 쓸데없는 글들만 가득"하다. 한량같은 부류가 시인인 것이다. 더불어 "산이 물이고 물이 산일 수 없을까" "바람이 숲이고 구름이 꽃일 수는 없는 것일까"에 골몰하는 시인의 자아는 현실적이지 않다. 합리적이지도 않는다. 그러나 시인이 바라보는 세상은 "여전히 칼이 밥이 되"고 있다. 이러한 현실을 그냥 지나치지 않은 돈키호테 같은 인물의 전형이 시인의 자아일지 모른다. 그러므로 부조리한 현실을 타개하기 위해 언제나 "명료"한 생각을 하고, 오히려 세상사람들이 보지 못하는 것을 보는 존재여서 "보이는 것이 보이는 것이 아니"고 "들리는 것이 들리는 것이 아니"라는 것을 아는 시인은 "언제나 말이 없"지만 "바람을 일으키는/일획의 행동만이 있었다" 이것이야말로 참된 인간의 모습인 것이다. 이렇듯 시인이 "칼이 밥이 되"는 것에 저항할 수 있었던 것은 스스로 만든 "해 밖은 대낮의 유배"와 "철창에서 달빛을 긷는" "태생이 불온하"고 생각이 불온하기 때문이다.

시인의 불온한 생각은 세상을 조금씩 변화시킬 수 있다고 생각한다. 좋은 세상을 위한 시인의 불온한 생각은 세상을 바라보기 이전에 시인 자신을 살핀다.

햇빛 아래서도 어둠 속에서도 부끄러워라
언제부터인지 딱히 기억나진 않지만
하늘을 보아도 땅을 보아도 부끄럽고
별을 보아도 달을 보아도 새를 보아도
꽃을 보아도 흙을 보아도 나무를 보아도 다람쥐를 보아도
소를 보아도 불을 보아도 물을 보아도 부끄러워라
고라니 우는 밤의 소리도 벽시계 걸음 소리도
야래향의 내도 시궁창의 내도 아내와의 키스도
좋아리를 기어가는 벌레도 부끄러워라
물을 마셔도 밥을 먹어도
산책을 해도 노동을 해도
부끄러워라 부끄러워라 부끄러워라
모은 두 손의 아담처럼
두 손을 번쩍 치켜들 수 없는 생이 부끄러워
발걸음 하나 나비 앉듯 내딛어도 돌아서면 부끄러워라
새털같이 건너가는 말
가시가 되고 칼이 되어 부끄러워라
미소를 지어도 침묵으로 있어도
불이 되는 것이 부끄러워라
어둠이 되는 것이 부끄러워라
날리는 연이 부끄럽고 산을 오르는 것이 부끄럽고

펜이 칼이 되어 부끄럽고 칼이 밥이 되어 부끄럽고
밥이 살이 되어 부끄럽고 아이를 보아도 어머니를 보아도
촛불 켜고 두 손을 모아도
고요히 물같이 흐르고 싶은 내가 부끄러워라
부끄러워라 부끄러워라
부끄러워하는 내가 부끄러워라

-「부끄러워라」 전문

이 작품은 짧지 않지만 내용과 형식 모두가 단순하다. 그러므로 전체적으로 밋밋하게 읽힌다. 그럼에도 불구하고 독자들에게 의미있는 메시지를 주는 것은 반복되는 의미를 여러 이미지를 통해 전달하고 있기 때문이고, 다른 하나는 참된 삶, 또는 참된 인간으로 살겠다는 참회와 성찰의 메시지를 간절하게 외치기 때문이다.

이 작품은 첫 행에서부터 마지막 행에 이르기까지 "브끄러워라"를 외치고 있다. "햇빛 아래에서도 어둠 속에서도 부끄러워라" "하늘을 보아도 땅을 보아도 부끄러워라"라고 한다. 더불어 별, 달, 새, 꽃, 흙, 나두, 다람쥐, 소, 불, 물을 보아도 부끄럽다고 한다. 심지어는 "아내와의 키스도" 부끄럽다고 한다. 어떤 경우에는 "부끄러워라 부끄러워라 부끄러워라" 시 한 행 모두가 '부끄러워라'로 채워진 경우도 있다. 이후로도 단조로운 이 시의 형식은 "촛불 켜고 두 손을 모"으는 기도를 하면서도 부끄럽다고 한다. "고요히 물 같이 흐르고 싶은 내가 부끄러워라"

라고 하려니, 마침내 시의 말미에서조차 "부끄러워라 부끄러워라/부끄러워하는 내가 부끄"럽다고 한다.

그렇다면 화자는 도대체 무엇이 부끄러운 것일까. "모은 두 손의 아담처럼/두 손을 번쩍 치켜들 수 없는/생이 부끄"럽다고 한다. 주지하다시피 기독교적인 세계관에서 아담은 인류의 시조이다. 죄를 지어 낙원인 에덴동산에서 추방당한 인류의 첫 죄인이다. 사랑하는 하와를 위해 기꺼이 그것이 죄가 되는 줄 알면서도 선악과를 따 원죄를 갖게 되었다. 아담은 자신의 죄를 알고 죄를 용서받기 위해 두 손을 모으며 기도를 했지만, 화자는 그렇지 못한 자신이 부끄럽고, "새털같이 건너가는 말/행간에서 둥둥 떠도는 사이/하얀 뼈들만 산처럼 쌓"이는 죄를 지었다. 세치 혀 밖에 안되지만 그 짧은 혀로 많은 사람들에게 상처를 줘 죽음을 상징하는 "하얀 뼈들만 산처럼 쌓"이게 한 것이 화자의 죄이고 부끄러움이 되어 화자는 한없이 부끄럽다고 고백하며 자신의 삶을 살피는 것이다.

이 밖에도 자신의 삶을 살피며 때로는 성찰을 때로는 위로받는 생을 노래하는 시편으로 「눈물편지」 「나에게 쓰는 편지」 연작과 「단팥빵이 먹고 싶다」 「꽃의 밥」 「산책」 등 여러 작품들이 있다.

3.

앞에서 살펴본 시편들은 시인 자신의 삶을 바라보는

시선을 취한 것에 반해 다음 시편들은 '우리' 또는 '나' 아닌 누군가를 바라보고 있다. '인간은 사회적 동물이다'는 명제처럼 세상은 공동체를 이루며 살아간다. 그러므로 시인은 함께 살아가는 공동체(우리)에 대한 많은 관심을 가질 수밖에 없다. 이런 관점에서 변재섭 시인은 주변에서 만나는 '우리'의 이야기를 노래한다. 이러한 시각에서 쓴 그의 시편들은 대개가 고단한 삶을 이끌고 가는 사람들의 이야기가 많다. 그렇다고 모두 어두운 이야기만이 시적 주제가 되는 것은 아니다. 때로는 소소하지만 우리에게 기쁨을 주는 시편들도 눈에 띈다.

저녁식사를 마치고 뉴스를 보고 있는데
아이고, 저 벼룩 같은 놈들
툭, 어머니가 한 말씀 내뱉으신다
남에게 욕하시는 걸 본 적 없는 어머니의
벼룩 같은 놈들, 벼룩 같은 놈들
호롱불 밝히고 설거지를 끝낸 어머니는
방안으로 들어오면 고단한 몸을 돌보지 않고 바짝 호롱불을 당신 앞으로 끌어다 놓고는 막내부터 차례로 내복을 벗게 했다
우리가 벗은 옷을 하나씩 들고 손톱에
붉은 피를 묻히며 이를 잡고 벼룩을 잡았다
톡, 톡, 배 터지는 소리는 경쾌했다
먹이는 것도 시원찮은데 귀한 내 새끼들 피를 빨아먹다니,

어머니는 연신 하품을 하면서도 용납하지 않았다
콧구멍이 새까매지는 것도 아랑곳없이 열중이어서
밤이 이슥해서야 그 일은 끝이 나고
맏이인 나는 그 때서야 잠을 잘 수가 있었다
그런데 이 벼룩이란 놈 영악하기가 손오공 뺨치는 지라
섣부르게 접근하면 어김없이 점프,
흔적도 없이 감췄다
그놈의 행방을 찾아내기란 풀숲에서 바늘 찾기보다 어렵다고
어머니는 굳이 찾으려 애 쓰지 않고
내일 보자 이놈, 혼잣말로 한 말씀 남기셨다
그러나 해가 지나면서 뛰는 놈 위에 나는 놈 있다든가
결코 튀어 오르도록 방심하는 일 없이 치밀하게
한 놈씩 제압해나갔다 그러면서
왜정 때 앞잡이 순사보다는 그래도 낫지
혼자 중얼거렸다 나는 그 말을 들으면서
도대체 한 민족의 피를 빨아 먹고, 모아 바친
벼룩보다 못한 그들 양심은 어떻게 생겼을까,
그 의문, 철이 들기까지 품고 살다가 까마득히 잊어버렸다
어느새 뉴스는 끝이 나 일기예보를 하고 있다

-「벼룩」 전문

시적 배경이 화자의 유년시절이므로 시인의 자전적 이야기를 바탕으로 썼다. 그러므로 이 작품의 시대적 배경은 수십 년 전 모두가 궁핍하고 남루하게 살던 때이다. 그렇지만 작품의 도입부는 현재의 시점이다.

"저녁 식사를 마치고 뉴스를 보"는 시간에 어머니가 "아이고, 저 벼룩 같은 놈들"이라고 말씀을 하시면서부터 작품이 전개된다. 그동안 어머니는 남에게 욕하시는 분이 아닌데 오죽하면 누군가에게 욕을 하셨을까 하는 생각이 든다.

어머니가 내뱉으신 말 "벼룩 같은 놈들"에서의 '벼룩'이 독자들을 과거로 돌아가게 한다. 오늘날에는 '벼룩'이 거의 사라졌지만, 수십 년 전에는 '벼룩'이 득실거렸기 때문이다. 저녁 설거지를 끝낸 어머니는 고단한 몸으로 호롱불을 끌어다 놓고 막내부터 내복을 벗겨 이를 잡았다. 어머니는 "먹이는 것도 시원찮은데 귀한 내 새끼들 피를 빨아먹다니"하시면서 "밤이 이슥해서야 그 일은 끝이" 났는데, "맏이인 나는 그때서야 잠을 잘 수가 있었다/그런데 이 벼룩이란 놈 영악하기가 손오공 뺨치는지라/섣부르게 접근하면 어김없이 점프, 흔적도 없이 감췄다" 이럴때면 "어머니는 굳이 찾으려 애쓰지 않고/내일 보자, 혼잣말로 한 말씀 남기셨다." 벼룩은 다음 날에도 나타나기 때문이다.

지금까지 살펴보았듯 가난한 시절 어머니는 밤마다 자식들 내복을 벗겨 이를 잡으셨다. 잘 먹이지도 못하는데 이라는 놈이 새끼들의 피를 빨아먹고 있으니 무척 속상하셨을 것이다. 이쯤에서 작품의 도입부에서 어머니가 하신 말씀을 상기시켜보자. 뉴스를 보며 "벼룩 같은 놈들"

에서의 '벼룩'과 옛날 어머니가 놓쳤다가 다시 잡은 '벼룩'은 모두 남의 피를 빨아먹는 존재들이다. 이 고약한 세상을 정직하게 열심히 살아가는 사람들은 '벼룩 같은 놈'들에게서 상실감을 느낄 것이다. 화자는 도저히 이러한 사람들이 이해가 되지 않아 "도대체 한 민족의 피를 빨아먹고, 모아 바친/벼룩보다 못한 그들 양심은 어떻게 생겼을까,"라고 중얼거린다. 함께 살아가는 우리 사회의 세태를 비판적인 시각으로 바라보고 있다.

다음의 「빵」은 우리가 사는 세상의 모습을 지극히 상징적으로 그린 작품이다.

빵
빵을 먹었다
그리고 냉큼 손을 놀렸다

빵
빵을 먹었다
그리고 풀썩 손을 놓았다

빵
그야말로 세상 어디서나
빵, 빵 빵 빵이다

빵

살고 죽는 일이
빵빵하다

-「빵」 전문

형식이 단조롭고 짧은 작품이지만 많은 것을 함의하고 있다.

인간의 삶과 그 삶의 방식, 그리고 죽음을 내포하고 있는 이 작품은 시제부터 흥미롭다. '빵'은 보통명사이기도 하고 의성어이기도 하다. 다시 말해 '빵'은 생명을 유지시키는 식량이기도 하고, 누군가를 쓰러뜨리는 총이기 때문이다. 흔히 총소리를 '빵!'으로 표현한 것에서 시인이 총을 떠올린 것이다. 빵을 얻기 위해 경쟁자를 물리쳐야 하는 숙명을 가진 것이 인간이라는 사실을 다시금 상기시킨다. 첫 연과 둘째 연에서 모두 "빵을 먹었다"가 반복되지만 말 그대로 '빵을 먹었다'고 이해할 수 있지만 다른 측면에서 바라보면 둘째 연의 "빵을 먹었다"는 동물처럼 먹이 경쟁에서 잡혀먹힌 경우로 '총에 맞았다'고 생각할 수 있다. 살기 위해서는 상대를 쓰러뜨려야 하는 인간세계의 치열한 경쟁의 모습을 그린 이 작품은 "살고 죽는 일이/빵빵"한 일임을 묘사하고 있다.

「걸어가는 낫」 또한 삶의 현장에서 치열하게 살아가지만 불안하고 위태로운 '우리'의 모습을 상기시키고 있다.

붉은 햇빛 등에 받으며
낫 한 자루 걸어간다
고꾸라질 듯 고꾸라질 듯
황금 바다로 가서
물결을 한 움큼씩 잠재워 가더니
해가 뉘엿뉘엿해서야
바다는 잠잠해졌다
손바닥에 탁 탁 침 뱉어가며
허리 한 번 펴지 않고
밀어붙인 그 뚝심
흙탕물을 황금 바다로 일군
아무도 못 말리는
황소 같은 그 뚝심
낫을 쥐고 살다가 그대로 닮아버린
아버지
땅거미 등에 받으며
노이는 모든 것에 깍듯이 인사하며
ㅈㅈㅈㅈㅈㄱ, ㅈㅈㅈㅈㄱ……
아슬아슬 걸어가는
낫 한 자루

-「걸어가는 낫」 전문

이 작품에서 '낫'은 일을 할 때 사용하는 도구이기도 하고 '아버지'를 나타낸다. 다시 말해 아버지는 '낫'처럼 하나의 도구이며 낫처럼 일을 하는 존재의 표지이다.

'낫'과 '아버지'의 의미를 확대해석하면 '우리'는 모두가 '낫'이거나 '아버지'와 같이 삶을 살기 위해 세상을 헤쳐 가는 존재이다. 그러므로 우리는 세상을 살아내기 위해 "붉은 햇빛 등에 받으며" "걸어간다" 그런데 그 모습이 불안하다. "꼬구라질 듯 꼬구라질 듯"하기 때문이다. 쉽게 걸어가는 삶은 어디에도 없는 것이 인간의 삶이어서 아버지로 상징화된 '우리'가 꿈꾸는 것은 "황금바다"여서 그 바다에 가보지만 황금바다는 결코 쉬운 상대가 아니다.

여기서 '바다'는 우리가 살아가는 세상을 의미한다. 아버지는 "손바닥에 탁탁 침 뱉어가며/허리 한 번 펴지 않고" 뚝심으로 밀어붙이셨다. 그런 까닭에 당신의 삶의 터전인 바다를 "흙탕물을 황금바다로 일"굴 수 있었던 것이다. 이 때 아버지의 손에 쥐어져 있는 것은 낫이었는데 "낫을 쥐고 살다가 그대로 닮아버"렸다. "땅거미 등에 받으며/보이는 모든 것에 깍듯이 인사하"시는 아버지는 "아슬아슬 걸어가는/낫 한 자루" 아니 '우리'의 모습이기도 하다.

이 밖에 이 시대를 치열하게, 또는 고단하게 살아가는 사람들의 모습을 그린 작품으로는 「공중화장실」「느티나무 그늘」「등록금 이자」「왜가리와 인부」「가볍고도 무거운」「검은 강돌 같은 남자」「바나나」 등이 있다.

4.

변재섭 시인의 시적 경향에서 가장 큰 비중을 차지하는 세계는 생태학적 상상력을 지닌 시편들이다. 낙향하여 시골에서 살아가고 있는 시인의 삶의 환경이 자연이기 때문일 수도 있다. 귀향하여 손수 집을 짓고 살아가는 시인은 언제나 자연과 함께 숨을 쉬고 있는 까닭에 그의 생명성을 노래한 시편들은 어쩌면 그의 일상을 담아낸 것들이기도 하다.

주지하다시피 갈수록 자연환경이 훼손되어가고 있다. 몇 십 년 전에 우리나라만의 독특한 기상현상인 삼한사온이 사라진지 오래고 폭설이 내리거나 아예 겨울이 사라진 겨울날씨를 보이기도 한다. 가뭄이 지속되거나 아니면 기습 폭우가 인간의 삶을 위협하는 경우가 다반사이다. 이는 인간의 탐욕의 결과이다. 언제부턴가는 미세먼지 때문에 마스크를 쓰는 일이 우리나라만의 독특한 풍경이 되어버렸다. 앞으로 무슨 자연재앙이 닥칠지 모를 일이다.

일찍이 시인들은 이른바 생태시, 또는 생명시를 통해 자연환경 훼손과 무분별한 개발을 비판하고 경고해 왔다. 그런데 세상은 시인들의 절규를 귀에 담지 않고 가속도를 내어 인류 멸망의 날로 질주하고 있는 듯하다.

변재섭 시인도 이를 묵과할 수는 없었을 것이다. 그의 생태학적 상상력을 보여주는 시편들은 단순하게 눈에 보이는 자연환경 훼손에 비판하고 경고하는 것에만 그치지 않는다.

뽑아서 버리더라도 함부로 능멸하진 마라 독구멍을 위해 뽑아야 하는 것이라지만, 무심한 발길에 그저 밟히는 그들이지만, 계절의 발걸음에 어김없이 맞춰 싹을 틔워 꽃 피우고 씨앗을 맺어 사는 이치 밝히고 서 있다 가까이 눈길을 주면 그 꽃 얼마나 귀여운가, 얼마나 예쁜가, 금세 알 수 있다 그리고 길 가다 다리가 풀릴 때 잠시 쉬어갈 자리가 돼주기도 하고, 맥없이 축 처졌던 영혼이 그 작은 꽃으로 하여 오월 푸르른 나무처럼 일어서기도 하더라

베어서 버리더라도 함부로 능멸하진 마라 앞집 이장 김씨 있지, 그 양반 무슨 의원인가 하는 친구 꽁무니 따라다니다 땅뙈기 다 날리고, 울화통 터져 읍내에서 술잔 붙들고 하소연하다 밤늦은 귀가 길에 그만 언덕에서 굴렀더란다 눈을 떠보니 중천에서 해는 너털웃음을 웃고 있고 누워 있는 자리는 요처럼 그들이 깔려 있더란다 지난 여름 하늘에 구멍이라도 뚫린 듯 쏟아 붓는 빗줄기에 강물이 불어 동네 사람 모두가 밤을 새며 자루에 흙을 담기도 했지만, 강둑에 그들이 아니면 산마루 떠오르는 아침 해를 가슴 쓸어내린 웃는 얼굴로 어찌 보기나 했겠냐 서로서로 손잡고 아이처럼 깡충깡충 뛸 수가 있었겠냐

나는 그런다, 악아 콩밭에서 풀을 매다 무더기로 피어 있는 앙증맞은 그 작은 꽃, 콧마루에 대보기도 하고 옷가

슴에 꽂기도 한다 부디 잊지 말거라 잠바를 걸친 귀여운 내 새끼들아 어찌 보면 우리, 이 땅의 보잘 것 없는 풀꽃들이지 않겠냐

-「나는 그런다, 악아」 전문

'악아' 즉 '아이'에게 당부하는 형식으로 화자의 생명의식을 보여주는 작품이다. 시제가 말해주듯 화자가 '나는 그런다'며, 잡초를 뽑아버리더라도 함부로 능멸하지 말라며 잡초에게 인격을 부여한다. 잡초도 귀중한 생명체이거늘 화자가 먹고살기 위해 할 수 없이 뽑는 것이지 "가까이 눈길을 주면 그 꽃 얼마나 귀여운가, 얼마나 예쁜가"라고 말하고 있는 것에서 생명을 함부로 대하지 않는 것을 짐작하게 한다. 여기에서 화자가 뽑아버리는 것이나 베어버리는 것의 실체는 구체적으로 드러나 있지 않지만 그것은 잡초거나 인간이 하찮게 여기는 식물들을 말한다.

화자는 "길 가다가 다리가 풀릴 때 잠시 쉬어갈 자리가 돼 주기도 하고, 맥없이 축 처졌던 영혼이 그 작은 꽃으로 하여 오월 푸르른 나무처럼 일어서기도 하더라"고 진술한 것에서 짐작할 수 있듯 눈길은 주목하지 않는 작은 꽃을 통해 영혼에 생명성을 충전 받는다. 이는 화자가 작은 꽃에 관심을 보이고 외경심을 갖기 때문으로 화자의 이러한 태도로 인해 작은 꽃과 화자 자신이 서로의 존재

감을 불어넣어주는 것이다.

자신의 이야기와 더불어 화자는 "앞집 이장 김씨" 이야기도 풀어놓는다. "무슨 의원인가 하는 친구 꽁무니 따라다니다가 땅뙈기 다 날리고 울화통이 터져 읍내에서 술을" 마시고 오다가 언덕에서 굴러도 누워있는 자리에 잡초가 요처럼 깔려있어 무사했다는 이야기도 사람들의 눈길에서 벗어난 잡초일지라도 사람들을 위한다고 말함으로써 그것의 존재를 새롭게 인식시키고 있다.

지난 여름이야기에서도 잡초거나 잔디가 있어 빗줄기에 강물이 불어 동네 사람들이 밤새워 자루에 흙을 담을 때도 홍수를 막을 수 있었다며 그것들이 얼마나 가치가 있는지를 인식시킨다.

잡초건 작은 꽃이건 함부로 대하지 않는 경의심을 갖는 화자의 마음을 읽게 한다.

시인의 생명에의 경외심과 깊은 통찰은 「들꽃」에서도 읽을 수 있다.

들판의 꽃들이 아름다운 것은
어우러져 있기 때문이다

작고 보잘 것 없는 꽃들이 내놓기도 하찮은 이름으로 혹은 신분증에서 잠자는 이름으로, 이른 새벽 지하철 입구로 몰려 들어가고 몰려나오는 무리처럼, 밤하늘 별무리처럼, 해 뜨는 아침 풀잎 이슬처럼 함께 피어 있기 때문이다

들판에 피어 있는 꽃들이 아름다운 것은

짐승들이 무질러가며 꺾어 놓아도 기어코 몸을 세워 꽃을 피우기 때문이다

가끔씩, 그을리고 상처받은 마음들이 찾아와 잠자는 이름을 깨워주고 보름달처럼 환하게 웃는 얼굴 잇대어 사진을 찍기 때문이다.

돌아가는 길 위의 등이 눈부시기 때문이다.

-「들꽃」 전문

"들판의 꽃들이 아름다운 것은/어우러져 있기 때문"인데, 화자는 어우러져 들판에 피어있는 꽃들에서 인간의 모습을 발견한다. "이른 새벽 지하철 입구로 몰려들어가고 몰려나오는 무리"가 그것이다. 자신의 일을 찾아 치열하게 살아가는 사람들의 모습이 들판의 꽃들처럼 아름답게 보인 까닭이다. 화자는 또다시 묻는다. "들판에 피어있는 꽃들이 아름다운 것은" "짐승들이 무질러가며 꺾어 놓아도 기어코 몸을 세워 꽃을 피우기 때문"이라고 한다. 이러한 꽃의 모습에 화자는 또다시 사람들을 오버랩시킨다. "그을리고 상처받은 마음들이 찾아와 잠자는 이름을 깨어주고 보름달처럼 환하게 웃는 얼굴 잇대어 사진을 찍"는다고 하며 작은 꽃을 통해 삶에서 얻은 상처를 치유하는 모습을 보는 것이다.

「강물의 자궁」은 생명의 시원이며 생명 자체인 물에 대한 상상력으로 단순히 강물에 한정하지 않고 물처럼 한

사람 한 사람이 모여 커다란 역사의 물줄기를 이루어내는 것을 그린다.

> 도도히 흐르는 강물이다
>
> 저 물길을 더듬어 가면 주저 없이 스며드는 지천을 만나지 지천을 더듬어 가면 시내를 만나고 개울을 만나고 도랑을 만나고 그 끝에서 딱 마주서는 나무 한 그루
>
> 그 한 그루가 숲이 되고 거기 수천, 수만의 아니 헤아릴 수 없는 나무로부터 한 점 티 없이 맑은 한 방울 한 방울이 모여 광화문 앞을 우리의 강물로 도도히 흐르고 마침내 방방곡곡 메마른 대지의 가슴을 적시며 푸르게 흐르는 것이지 갑오년에도 기미년에도 흘렀고 경신년에도 흘렀던 것이지
>
> 너, 한 그루 나무여
> 강물의 위대한 자궁이여
>
> -「강물의 자궁」 전문

화자는 "도도히 흐르는 강물"을 바라보고 있다. 그러면서 강물을 더듬어 간다. 먼저 지천을 만나고 더 거슬러 올라 시내를 만나고 개울과 도랑을 만나는데 "그 끝에서 딱 마주서는 나무 한 그루"가 강의 시원이며 강물의 자궁

이란다. 그렇다면 "그 나무 한 그루가 숲이 되고" 마침내 헤아릴 수 없는 나무가 된다는 것이다.

강물은 들판을 적시는 것만이 아니다. 인간 역사의 강물이기도 하다. 한 방울 한 방울, 즉 한 사람 한 사람이 "광화문 앞을 우리의 강물로 도도히 흐르고 마침내 방방곡곡 메마른 대지의 가슴을 적시며 푸르게" 흐른다고 한다. "갑오년에도 기미년에도 흘렀고 경신년에도 흘렀던 것이"라며, 역사의 분수령을 만들었던 사건들도 모두가 힘없는 민중 한 사람 한 사람이 모여 역사의 커다란 물줄기를 이루었음을 갈파한다. 그런 까닭에 시인은 "너 한 그루 나무여/강물의 위대한 자궁이여"라고 물 한 방울, 즉 사람 하나가 갖는 가치와 생명력을 통찰한다.

이 밖에도 「민들레씨앗 하나」「밥, 산감나무」「비빔밥」「나에게 쓰는 편지-벚꽃」「나에게 쓰는 편지-예술의 전당」「나에게 쓰는 편지-선물」「무거움의 변주」「생명」「쇠제비갈매기」「가족」「살구꽃과 제비」「백로」「그릇」「무거움의 변주」 등에서도 생명성을 탐구하고 있다.

변재섭 시집
강물의 자궁

2019년 7월 1일 인쇄
2019년 7월 10일 발행

지은이 | 변 재 섭
펴낸이 | 강 경 호
발행처 | 도서출판 시와사람
등 록 | 1994년 6월 10일 제 05-01-0155호
주 소 | 광주시 동구 양림로119번길 21-1(학동)
전 화 | (062)224-5319
E-mail | jcapoet@hanmail.net

ISBN 978-89-540-6 03810

값 10,000원

· 이 책은 장성문협 창작기금(대원축산 후원)에서 제작비를 지원받았습니다.

공급처 ■ 한국출판협동조합
경기도 파주시 탄현면 오금로 30
주문전화 (02)716-5616, 070-7119-1740